못다 이룬 새 세상의 꿈

궁예와 후고구려

글 최향미 | 그림 방기황

미륵 신앙을 받드는 후대 사람들이 세운 궁예미륵. (시몽포토)

태어나자마자 아버지한테서 버림받고 한쪽 눈마저 잃은 채

숨어서 힘겹게 살아가는 한 사내가 있었습니다.

하지만 그는 절에 들어가 기나긴 세월 피나는 노력 끝에

마침내 어지러운 세상을 밝히는 한 줄기 등불이 됩니다.

그는 바로 스스로 살아 있는 미륵이라고 굳게 믿으며

새로운 세상을 꿈꾸었던 후삼국 시대의 영웅, 궁예였습니다.

그럼 이제부터 궁예의 파란만장한 삶 속으로 들어가 보아요.

차례

이상한 딱지 · 6

버림받은 왕자 · 12

양길의 부하가 되다 · 19

백성의 군사로 거듭나다 · 29

후고구려를 세우다 · 39

못다 이룬 새 세상의 꿈 · 47

진훤이의 새 보물 · 60

◆ 후삼국 시대의 영웅, 궁예! · 62

이상한 딱지

동네 아이들은 진홍이를 딱지 왕이라 일컬었습니다. 딱지 따먹기 놀이를 할 때마다 지는 법이 없기 때문입니다. 그래서 오늘은 병관이가 구원병으로 자기 형을 데려오겠다고 했습니다.

'쯧쯧. 해도 해도 안 되니깐 형까지 데려온다고? 하긴 그런다고 딱지 왕인 이 몸이 눈 하나 깜짝할 리 없지.'

진홍이는 자신만만했습니다. 놀이터엔 오늘 벌이는 딱지놀이를 지켜보려고 일찍부터 동네 아이들이 옹기종기 모여 있었습니다. 병관이와 그의 형이 먼저 나와 기다리고 있었습니다. 진홍이는 어깨에 잔뜩 힘을 주고 으스대며 말했습니다.

"어, 내가 좀 늦었네. 그럼 슬슬 시작해 볼까?"

"어쭈, 늦게 왔으면 미안하다는 말부터 해야 하는 거 아냐? 건방진 녀석. 오늘 내가 네 놈 코를 납작하게 해 주마. 각오해라!"

병관이 형이 매섭게 눈을 부라리며 소리쳤습니다. 진홍이는 속으로 콧방귀를 뀌었습니다.

'쳇, 이 형이 지금 내가 딱지 왕이라는 걸 모르는가 보네.'

드디어 동네 아이들이 빙 둘러서서 구경하는 가운데 딱지 따먹기 놀이가 벌어졌습니다. 그런데 이게 대체 어찌 된 일일까요?

 딱지 왕이라고 큰소리치던 진홍이는 막상 병관이 형이랑 붙자 제대로 힘 한번 못 쓰고 딱지를 몽땅 다 잃고 말았습니다. 병관이한테 딴 딱지는 말할 것도 없고, 가장 아끼던 광개토대왕 딱지마저 잃어버리자 진홍이는 눈물이 핑 돌았습니다.
 "꼴좋다. 왕년의 딱지 왕을 몰라보고 겁 없이 까불더니, 하하하."
 진홍이는 겨우 눈물을 삼키고 병관이 형한테 말했습니다.
 "나도 우리 형 데려올 테니 여기서 꼼짝 말고 기다려요."
 "형을 데려오겠다고? 그래 좋다. 얼마든지 데려와라."
 진홍이는 허겁지겁 집으로 달려갔습니다.
 "형, 형, 어디 있어? 헉헉."
 "왜 그래? 숨넘어가겠다. 무슨 일 있어?"
 "형, 병관이 형한테 내가 아끼던 딱지 다 잃었어. 형이 옛날에 딱지 왕이었다고 자랑했잖아. 그러니깐 형이 내 딱지 다시 다 따 줘. 어서!"
 진홍이 형은 동생이 하도 조르는 탓에 마지못해 집을 나섰습니다. 진홍이 형은 동네 놀이터에서 병관이 형을 보자 깜짝 놀랐습니다.
 "아니, 너 병근이잖아!"
 "어, 넌 진수? 오호라, 네가 쟤 형이냐? 원수는 외나무다리에서 만난다더니……."

알고 봤더니 두 사람은 예전에 딱지 왕의 자리를 놓고 다투던 그런 사이였습니다.

"네가 내 동생 딱지 다 따먹었다며? 너도 참 한심하다. 애들 노는 데는 왜 끼어들고 그래?"

"그러는 넌 왜 나왔어? 잔말 말고 오랜만에 한판 붙자. 너 먼저 쳐어."

그렇게 해서 진홍이 형하고 병관이 형은 두 동생을 대신해서 딱지 왕 대결을 벌였습니다. 하지만 한참 시간이 흘렀는데도 좀처럼 승부가 나질 않았습니다. 그러자 진홍이가 나서더니 병관이랑 마지막으로 한판 더 붙고 끝내겠다고 떼를 썼습니다. 진홍이 형과 병관이 형은 어쩔 수 없다는 듯 둘을 내버려 둔 채 그 자리를 떠났습니다.

"자, 그럼 우리 역사 인물 딱지만 가지고 딱지치기하자."

"그래, 좋아!"

진홍이와 병관이는 딱지 뒤쪽이 위로 보이게 바닥에 쫙 깔았습니다. 병관이가 먼저 진홍이가 깔아 논 딱지를 아무거나 쳐서 뒤집었습니다.

"야호, 왕건이다!"

이번에는 진홍이가 병관이의 딱지를 쳐서 뒤집었습니다. 그런데 진홍이의 바람과는 달리 한쪽 눈에 검은 안대를 한 사람이 나왔습니다.

"뭐야? 궁예잖아!"

　광개토대왕이 나오길 잔뜩 기대했던 진홍이는 화가 난 나머지 궁예 딱지를 땅바닥에 힘껏 내리쳤습니다. 그러자 딱지는 바닥에서 튀어올라 진홍이의 얼굴을 아주 세게 딱 하고 후려쳤습니다. 그러더니 곧바로 미끄럼틀 옆으로 날아가서는 땅바닥에 사뿐히 내려앉았습니다.

　'내 얼굴을 쳐? 괘씸한 딱지 같으니라고…….'

　진홍이는 잔뜩 화가 난 얼굴로 딱지가 떨어져 있는 미끄럼틀 쪽으로 잽싸게 달려갔습니다. 그런데 진홍이가 손을 내밀어 딱지를 막 집으려고 하자, 도저히 믿을 수 없는 일이 눈앞에서 벌어졌습니다.

　"으악! 이, 이게 뭐야?"

　조그만 했던 딱지가 점점 커지더니 마침내 전기장판만 해지는 게 아니겠어요? 딱지 속에 있던 궁예 그림 또한 어느새 어른만 한 크기로 커지는가 싶더니, 놀랍게도 그 속에서 궁예가 쑤욱 하고 튀어나와 진홍이를 큰 소리로 꾸짖는 것이었습니다.

　"이런, 고얀 놈이 있나? 감히 나를 땅바닥에 내동댕이치다니!"

　진홍이는 놀랍고 무서워서 몸을 바들바들 떨었습니다. 그 모습을 바라보며 궁예가 알지 못할 주문을 외자 갑자기 세찬 회오리바람이 불더니 그만 진홍이를 삼켜 버리고 말았습니다.

새로운 세상을 꿈꾸었던 궁예의 땅, 철원!

골이 깊고 산이 높은 강원도에서 가장 넓고 시원하게 트인 곳은 철원 평야입니다. 철원 평야의 쌀 수확량은 지금도 강원도 전체의 6분의 1을 차지할 만큼 철원은 도읍으로 더할 나위 없이 좋은 조건을 갖추었습니다. 철원은 새로운 세상을 꿈꾸었던 궁예의 이상향이었습니다. (시몽포토)

버림받은 왕자

여기는 신라의 궁궐 월성. 왕비가 걱정이 가득한 얼굴을 한 채 방안을 왔다 갔다 하고 있었습니다. 후궁의 출산일이 바로 코앞에 다가왔기 때문입니다.

원래 신라의 임금 헌안왕한테 자식은 왕비가 낳은 딸 둘뿐이었습니다. 그런데 뒤늦게 들어온 후궁이 덜컥 임신을 한 것입니다. 만일 후궁이 아들을 낳으면 왕비의 딸들에게 올 왕의 자리는 후궁의 아들에게로 넘어가게 되는 것입니다. 왕비는 무슨 일이 있어도 그것만은 막으려 했습니다. 그러던 어느 날, 왕비에게 아주 좋은 생각이 떠올랐습니다.

'내가 미처 왜 그 생각을 못했을꼬?'

다음 날, 왕비는 아무도 모르게 신궁으로 갔습니다. 신궁은 하늘에 제를 올리는 신성한 곳입니다. 신녀들은 이곳에서 나라의 중요한 일을 미리 내다보곤 합니다. 신녀들 가운데서 가장 높은 신라의 으뜸 신녀는 사리사욕에 눈이 멀어 물불을 못 가리는 자입니다. 왕비는 바로 그 으뜸 신녀를 만나러 신궁에 온 것입니다.

"으뜸 신녀, 그대한테 부탁드릴 일이 있소. 꼭 들어 주어야만 하오."

"호호호, 왕비 마마의 부탁이라면 뭐든 들어 드려야지요. 제가 무엇을 도와드려야 하는지요? 말씀만 하십시오."

왕비는 잠깐 둘레를 살피더니 으뜸 신녀의 귀에다 대고 자신의 계획을 털어놓았습니다. 으뜸 신녀는 그 길로 곧장 헌안왕을 찾아갔습니다.

"폐하, 이를 어찌하면 좋습니까?"

"무슨 일인데 그러시오?"

"간밤에 하늘을 살피는데, 후궁 마마께서 머무시는 별궁에서 이상한 기운이 감돌기에 가 보았더니 무지개가 별궁 지붕을 뚫고 하늘로 뻗어 오르는 것이 아니겠습니까? 이것은 앞으로 나라에 큰 재앙을 불러올 매우 불길한 징조입니다."

"아니, 무지개가 하늘로 뻗어 오른다면 그야말로 길할 징조이지, 어찌 흉한 징조란 말이냐?"

"폐하! 아뢰옵기 황공하오나 무지개가 하늘에서 내려왔다면 그리 볼 수도 있겠으나, 지붕을 뚫고 올라갔다는 것은 폐하의 궁궐을 그 무지개가 무너뜨린다는 뜻이옵니다. 새로 태어날 아기씨의 운명이 그러한 것으로 점괘가 짚이옵니다. 그러하오니 재앙을 미리 없애야 하옵니다."

신녀는 끈질기게 헌안왕을 타일렀습니다.

"내 자식을 없애라는 게 말이 될 법이나 한 소리냐? 듣기 싫으니 그만썩 물러가거라!"

신녀의 말을 듣고 나서부터 헌안왕은 깊은 시름에 빠졌습니다. 바로 그때 시종이 얼굴이 새하얗게 질린 채로 뛰어왔습니다.

"폐하, 큰일 났습니다. 후궁 마마께서 왕자님을 낳으신 뒤 갑자기 숨을 거두셨습니다."

"뭣이라고? 후궁이 숨을 거두다니, 이 무슨 날벼락 같은 소리냐?"

"황공하오나, 어의도 영문을 모르고 있사옵니다."

헌안왕은 신녀가 한 말이 딱 맞아떨어지자 소름이 확 돋았습니다.

"여봐라, 지금 곧장 그 재앙덩어리를 없애 버리도록 하라!"

"폐하, 아니 되옵니다. 후궁 마마께서는 눈을 감기 전까지 부디 왕자님을 잘 키워 달라고 간곡하게 부탁하셨습니다. 그런데 어찌……."

"네 놈이 정녕 죽고 싶은 게로구나? 그놈은 이 나라 신라와 짐을 해칠 운명을 타고 난 재앙덩어리다. 잔말 말고 어서 시키는 대로 하라!"

아끼고 사랑하던 후궁이 죽자 헌안왕은 거의 제정신이 아니었습니다. 헌안왕의 불같은 명령을 어길 수 없었던 시종은 갓 태어난 왕자를 없애려고 한밤중에 자객을 별궁으로 보냈습니다. 자객은 아무도 몰래 별궁으로 들어가 유모에게 안겨 있던 왕자를 억지로 빼앗아 달아났습니다.

"이보시오, 아기씨를 내 놓으시오. 그 아기씨는 신라의 왕자요. 앞으로 왕이 되실 왕자란 말이오."

유모는 울부짖으며 자객의 뒤를 죽기 살기로 뒤쫓았습니다. 하지만 자객은 바람같이 몸을 날려 월성의 한 높은 망루에 올라섰습니다. 유모는 따라 올라갈 수가 없어 성벽 아래에서 위를 올려다볼 뿐이었습니다. 바로 그때 자객은 아기를 번쩍 들어 올리더니, 성벽 아래로 냅다 집어던지는 것이었습니다. 너무도 갑작스럽게 일어난 일이었지만, 때마침 자객이 아이를 던진 바로 아래에 유모가 서 있었습니다. 깜깜한 어둠 속에서 희미하게 아기가 떨어져 내려오는 것을 보고 유모는 비명을 지르며 자신도 모르게 팔을 뻗었습니다.

가까스로 아기를 받아 든 유모는 털썩 주저앉으며 아기와 함께 땅바닥에 나뒹굴었습니다.

"으아앙! 으아앙!"

아기가 자지러지게 울어 댔습니다.

"아기씨, 아기씨, 괜찮아요. 울지 마세요."

숨을 헐떡이며 유모는 땅바닥에서 일어서며 아기가 괜찮은지 들여다보았습니다.

"아악!"

유모의 입에서 까무러칠 듯한 비명이 터져 나왔습니다. 방금 받아 낸 아기의 눈 한쪽이 피범벅이 되어 있었던 것입니다. 아기를 받으면서 유모의 손가락이 그만 아기의 눈을 찔러 버린 것이었습니다. 유모는 심장이 두근거려 어찌할 바를 몰랐습니다.

하지만 거기서 머뭇거릴 틈이 없었습니다. 성벽 위에 있던 자객이 벌써 알아채고 쫓아올지도 모르는 일이니까요. 유모는 쉴 새 없이 피를 흘리는 왕자를 안고 어딘지도 모를 산속을 걷고 또 걸었습니다. 왕자의 목숨을 지켜 내야 한다는 생각 하나로 발바닥이 갈라져 터지는 것도 모른 채 가파른 산길을 헤매고 다녔습니다. 한참 동안 울어 대던 아기는 유모의 품에 안겨 어느새 잠이 들었는지 아무 소리도 없이 조용했습니다.

역사 스페셜 박물관

월성

월성은 신라의 왕들이 지내던 궁궐을 말합니다. 성의 생김새가 반달 같다고 해서 반월성이라고도 하지요. 신라 5대 임금인 파사왕 때 지어서 마지막 임금인 56대 경순왕까지 9백 년 넘게 신라의 왕들이 이곳에서 살았습니다. 지금은 크고 화려했던 그때의 모습은 간 곳 없고 빈터만 덩그러니 남아 있습니다. (연합뉴스)

저 달이 날 보고 웃네!

귀면와

월성에서 나온 기와입니다. 도깨비 얼굴이 새겨져 있는 기와라고 해서 도깨비기와라고도 합니다. 옛날 사람들은 나쁜 귀신을 쫓으려고 건물의 지붕 네 귀퉁이에 이런 귀면와를 이었다고 해요. 이 귀면와에는 도깨비의 이마에 '王(왕)'자가 새겨져 있어요. 따라서 이것은 궁궐 지붕을 이을 때 썼던 것으로 보입니다. (국립경주박물관 경박 200801-011)

신궁은 어디에 있었을까요?

신라 사람들은 하늘을 섬기는 천신 신앙을 믿었습니다. 그들은 하늘에 제사를 올리는 곳을 신궁이라고 했으며, 그 제사를 주관하는 사람을 신녀라고 일컬었습니다. 월성 남쪽에 도당산이라는 작은 산이 있는데, 이곳은 예부터 성스러운 곳이라고 해서 왕의 즉위식을 올리기도 하고, 나라의 중요한 일을 논하는 귀족 회의가 열리기도 했지요. 아마 이곳에 신궁이 있었을 것으로 보입니다. (시몽포토)

양길의 부하가 되다

이곳은 복사꽃이 흐드러지게 피어 있는 산골 복숭아 마을. 마을 어귀에서부터 한 떼의 아이들이 왁자지껄하게 뛰어다니면서 놀고 있었습니다. 술래가 우르르 몰려다니는 아이들을 뒤쫓으며 마구 소리를 질러 대고 있었습니다.

"잡히면 죽을 줄 알아! 잡히기만 해 봐!"

아이들은 깔깔대면서 놀려 댔습니다.

"애꾸눈아, 애꾸눈아, 한눈은 어디다 팔았나?"

"애꾸눈아, 애꾸눈아, 한쪽 눈으로 우리를 잡아 봐라."

한쪽 눈을 검은 헝겊으로 가린 술래는 아이들을 잡아채지 못하고 자꾸만 헛손질을 했습니다. 그때마다 술래는 분해서 소리를 질러 댔습니다. 마침내 한 아이가 술래의 손에 걸리고 말았습니다. 잔뜩 약이 오른 술래는 아이의 팔을 뒤로 비틀더니 땅바닥에 내동댕이쳐 버렸습니다.

땅바닥에 널브러진 아이는 울음을 터뜨렸고, 놀려 대던 아이들은 걸음아 날 살려라 하고 달아나 버렸습니다. 바로 그때 울음소리를 듣고 아이의 아버지가 달려왔습니다.

"석아, 괜찮아? 아이고, 이를 어째? 팔이 부러졌잖아. 또 궁예 네 놈 짓이냐? 더는 못 참겠다. 지금 바로 네 어미한테 가자꾸나!"

궁예는 석이 아버지한테 뒷덜미를 잡힌 채 마을에서 가장 초라한 집으로 끌려 들어왔습니다.

"궁예 어머니, 좀 나와 보세요!"

"아니, 석이 아버지, 어쩐 일로……."

"보면 모르겠소? 남의 집 귀한 자식 팔을 부러뜨려 놓았으니 이걸 어떡할 거요? 아비 없이 자란 천한 애꾸 놈 같으니라고……."

석이 아버지는 주먹으로 궁예를 내려칠 듯이 말했습니다. 그러자 궁예는 오히려 고개를 빳빳이 세우고 대들었습니다.

"애꾸라고 하지 마세요!"

크게 치켜뜬 궁예의 한쪽 눈에는 그렁그렁 눈물방울이 맺혔습니다. 이때마다 손이 발이 되도록 잘못을 비는 건 늘 유모 몫이었습니다.

"한번만 용서해 주십시오. 애꾸눈이라고 애들이 놀려 대서 그런 것입니다. 제가 다시는 애들을 못 때리도록 따끔하게 혼내겠습니다."

"하루가 멀다 하고 동네 아이들을 두들겨 패니, 이젠 못 참아요. 동네 사람들 뜻도 그렇고 하니 어서 이 동네를 떠나 주시오."

동네를 떠나라는 말에 유모는 가슴이 철렁 내려앉았습니다. 유모는 이런 일을 겪을 때마다 동네 천덕꾸러기가 돼 버린 궁예가 더없이 가엾게 여겨졌습니다. 그럴수록 유모는 더욱더 궁예를 반듯하게 잘 키워 내겠다고 굳게 다짐을 했습니다. 그날 저녁 일찍 밥상을 치운 유모는 궁예를 불러 앉혔습니다.

"지금부터 제 말을 잘 들으세요. 왕자님은 제 아들이 아닙니다."

궁예는 눈을 동그랗게 뜬 채 유모를 바라보았습니다.

"저는 왕자님의 어미가 아니라 유모입니다. 이 나라 신라 임금의 후궁 마마께서 왕자님을 낳으시다가 돌아가신 뒤 왕자님은 버림받으셨습니다. 궁중에서 왕자님의 탄생을 바라지 않는 누군가가 왕자님을 해치려고 했습니다. 그런 왕자님을 가까스로 살려 내서 월성을 도망쳐 나온 것이 바로 접니다. 궁예라는 이름도 제가 지은 것입니다."

궁예는 머리가 어지러워 유모가 지금 무슨 말을 하는지 알아들을 수가 없었습니다.

"대체 지금 무슨 말씀을 하시는 거예요? 제가 어머니의 아들이 아니라니, 또 제가 어떻게 왕자라는 것입니까?"

유모는 그제야 지나온 일들을 낱낱이 밝혔습니다. 말을 하는 유모의 눈에서도, 그 이야기를 듣는 궁예의 한쪽뿐인 눈에서도 눈물이 줄줄 흘러내렸습니다. 유모는 마음을 가라앉히고 말을 이어 갔습니다.

"왕자님께서는 누가 왜 그런 끔찍한 일을 저질렀는지 꼭 밝혀 내셔야

합니다. 그리하여 훗날 꼭 왕자의 신분을 되찾으세요."

그러면서 유모는 그러려면 무엇보다 공부를 열심히 해야 한다고 힘주어 말했습니다.

"절에 가면 공부를 가르쳐 준다고 들었습니다. 왕자님께서는 이제 이 어미, 아니 이 유모를 떠나 절을 찾아 들어가십시오. 그리고 왕실 무늬가 새겨진 포대기는 후궁 마마께서 손수 만드신 것입니다. 언젠가 왕자님의 신분을 밝혀 줄 증표가 될 것입니다."

그때부터 궁예의 가슴속에는 자신을 이 꼴로 만든 사람들을 원망하는 마음이 자리 잡았습니다. 그길로 집을 나온 궁예는 산속을 이리저리 헤맨 끝에 세달사라는 절을 찾아 들어갔습니다. 궁예는 주지 스님 앞에 무릎을 꿇고는 빌고 또 빌었습니다.

"스님, 뭐든 시키는 대로 다할 테니 제발 저한테 가르침을 주십시오."

주지 스님은 궁예의 얼굴 생김새를 찬찬히 살피더니 곧 뭔가 다짐을 한 듯했습니다. 그날부터 궁예는 새벽 일찍 일어나 숲 속에 들어가 나무를 져 오기도 하고, 깊은 산속에서 나는 샘물을 길어 오기도 하고, 또 논과 밭에 난 잡초를 뽑고, 절간 구석구석을 윤이 나게 쓸고 닦고 하면서 밤늦게까지 온갖 허드렛일을 다해야 했습니다.

그렇게 한 해가 지나자 마침내 주지 스님은 궁예에게 글과 무술을 가르쳐 주었습니다. 궁예는 그 기회를 놓치지 않으려고 밤낮없이 머리를 싸매고 열심히 배웠습니다.

그렇게 철은 바뀌고 바뀌어 어느덧 궁예는 의젓한 젊은이로 우뚝 자라났습니다.

그러던 어느 날, 한 노인이 세달사에 불공을 드리러 왔습니다. 그 노인은 헌안왕을 모시던 시종이라고 했습니다. 그 말을 듣자마자 궁예는 걷잡을 수 없이 가슴이 뛰었습니다. 궁예는 아무도 몰래 시종을 찾아가 포대기부터 보여 주었습니다.

"이럴 수가! 이 포대기는……. 아니, 그렇다면……."

시종은 얼굴이 새하얗게 질린 채 궁예의 발밑에 엎드렸습니다.

"지난 일을 잘 아는 것 같으니, 어서 털어놓아 보시오."

시종은 처음에는 어찌할 바를 몰라 머뭇머뭇하더니 곧 마음을 가다듬고 나서 지난 일들을 술술 풀어 놓았습니다. 그것은 궁예한테는 너무나도 놀라운 이야기였습니다.

"그게 무슨 소리요? 아바마마가 날 죽이라고 했다니, 어찌 그럴 수가 있단 말이오?"

그러면서 울부짖던 궁예는 그만 정신을 잃고 그 자리에 쓰러지고 말았습니다. 이윽고 궁예가 눈을 뜨자 시종은 가고 없고 주지 스님이 걱정스럽게 지켜보고 있었습니다.

"궁예야, 대체 무슨 일이냐?"

"스님, 제가 나쁜 기운을 안고 세상에 태어났다고 해서 아바마마께서 태어나자마자 절 죽이려고 했답니다. 스님, 전 어쩌면 좋습니까?"

"으음, 너한테 그런 사연이 있었구나. 하지만 궁예야, 넌 어지러운 세상을 구할 영웅의 운세를 타고 났다. 난 오랫동안 널 지켜보면서 그것을 굳게 믿게 되었다. 너라면 수렁에 빠진 세상을 바로 잡을 수 있을 것이다. 부디 고통 받고 있는 백성들의 빛이 되어라!"

주지 스님의 말에 겨우 마음을 가라앉힌 궁예는 스스로 굳게 다짐을 했습니다.

'그래, 어쩌면 나는 어지러운 세상과 고통 받는 백성들을 구원하려고 태어난 운명일지도 몰라.'

그길로 짐을 챙겨 세달사를 나온 궁예는 발길 닿는 대로 이곳저곳을 돌아다니며 세상 구경을 했습니다. 세상은 가는 곳마다 도적이 들끓고 반란이 잇따랐습니다. 신라의 조정은 도적의 무리 하나 누를 힘조차 없었습니다. 그 틈을 타 지방의 호족들은 곳곳에서 들고 일어나 자신들의 세력을 넓혀 갔습니다. 세상은 그야말로 무법천지였습니다.

궁예는 강원도 원주에 이르러 피난 행렬을 만났습니다.

"여보게 젊은이, 마을로 들어가면 안 되네. 조금 있으면 양길의 부하들이 닥칠 것이야. 어서 도망가야 하네, 어서!"

궁예는 사람들이 두려워하는 양길이 어떤 사람인지 궁금했습니다.

"양길이 어떤 사람이기에 살던 마을까지 버리고 도망을 갑니까?"

"아니, 이 사람이 여태 양길도 모르다니! 양길은 도적과 다름없는 호족이라네. 마을에 들이닥쳐 닥치는 대로 쓸어 갈 뿐 아니라, 아녀자와

노인들은 종으로 삼고 장정들은 몽땅 전쟁터에 끌고 간다네. 그러니 자네도 여기서 꾸물대지 말고 어서 달아나게."

궁예는 서둘러 떠나는 피난민들과 헤어져 원주로 들어가서, 그곳을 휘젓고 다니던 양길의 부하들에게 양길의 밑에 들어가게 해 달라고 떼를 썼습니다.

"정신 나간 놈 다 보겠군. 다들 못 달아나 안달인데, 제 발로 순순히 기어 들어오다니."

그렇게 해서 궁예는 양길의 부하가 되었습니다. 궁예는 무슨 마음을 먹고 양길의 밑으로 들어간 것일까요?

역사스페셜 박물관

세달사 터
열 살 무렵 출생의 비밀을 알게 된 궁예는 강원도 영월에 있던 세달사라는 절로 들어갑니다. 그곳에서 궁예는 선종이라는 법명을 받고 자랍니다. 지금은 폐교가 된 흥교 분교 자리에 세달사가 있었던 것으로 보입니다. (시몽포토)

그래, 열심히 살자!

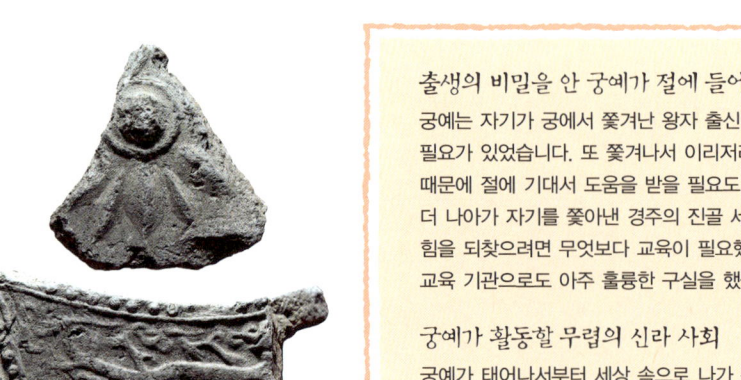

세달사 터에서 나온 유물들
연꽃무니가 새겨진 수막새(위)와 용무늬가 그려진 암막새(아래) 그리고 섬돌 따위로 쓰인 장대석과 사리 구멍이 있는 부도 같은 것들이 나온 걸로 보아, 그 무렵 절이 매우 컸음을 알 수 있습니다. (충청대학교박물관)

출생의 비밀을 안 궁예가 절에 들어간 까닭은?
궁예는 자기가 궁에서 쫓겨난 왕자 출신이란 걸 감출 필요가 있었습니다. 또 쫓겨나서 이리저리 숨어 다녔기 때문에 절에 기대서 도움을 받을 필요도 있었고요. 더 나아가 자기를 쫓아낸 경주의 진골 세력들에 맞서 힘을 되찾으려면 무엇보다 교육이 필요했는데, 절은 교육 기관으로도 아주 훌륭한 구실을 했습니다.

궁예가 활동할 무렵의 신라 사회
궁예가 태어나서부터 세상 속으로 나가 활동할 무렵의 신라 사회는 큰 혼란기에 휩싸여 있을 때였습니다. 위로는 왕의 자리를 두고 귀족들 사이에 싸움이 끊이질 않았고, 아래로는 대토지를 가진 귀족들의 횡포 때문에 일반 백성들의 불만이 하늘을 찌를 듯했습니다. 그리하여 천 년 동안을 지배해 온 신라의 여러 가지 제도와 사회 구조가 막다른 골목에 다다라 걷잡을 수 없을 만큼 불안한 나날이 이어졌습니다.

백성의 군사로 거듭나다

양길은 강원도 원주의 영원산성에 지휘 본부를 두고 그 둘레의 신라 지역을 공격해 차츰 자신의 세력을 넓혀 가고 있었습니다. 이번에 또다시 양길이 노리는 곳은 신라가 그나마 방어가 튼튼하다고 자랑하는 강원도 영월군이었습니다. 양길의 밑에 들어간 궁예는 곧바로 이 전투에 나섰습니다.

싸우고자 하는 의욕에 불타는 궁예와 달리 억지로 끌려 나온 새내기 병사들은 도살장에 끌려 나온 소처럼 잔뜩 겁에 질려 있었습니다. 양길은 그들을 맨 앞줄에 세워 방패막이로 삼을 생각이었습니다.

"뿌우! 뿌우!"

귀청을 찢을 듯한 돌격 나팔 소리가 울리자 두 진영의 맨 앞줄에 선 병사들이 쏟아져 나왔습니다.

"와! 와!"

양길 진영에서는 지휘관도 없이 병사들이 등 떠밀려 마지못해 몰려나오는 데 반해, 신라 진영에서는 장수들의 명령에 따라 병사들이 일사분란하게 달려 나오며 함성을 내질렀습니다.

그 기세에 양길 진영의 병사들은 겁에 질려 오도 가도 못하고 그 자리에 얼어붙었습니다. 그러자 궁예가 병사들 앞에 나서며 쩌렁쩌렁한 목소리로 외쳤습니다.

"여러분, 지금 그렇게 겁에 질려 서 있다간 아무 의미 없이 목숨을 잃을 것이오. 우리가 이를 악물고 싸운다면 반드시 살 수 있소. 자, 힘차게 나갑시다!"

그래도 병사들이 꼼짝을 안 하자 궁예는 쏜살같이 신라 진영으로 달려 나가며 날선 칼을 날렸습니다. 눈 깜짝할 사이 맨 앞에 서 있던 신라의 장수가 칼을 맞고 쓰러졌습니다. 그러자 양길 진영의 병사들이 금세 사기가 올랐습니다.

"지금이 바로 기회입니다. 자, 나를 따르시오!"

궁예의 말과 행동에 용기를 얻은 병사들은 함성을 내지르며 궁예를 뒤따랐습니다. 궁예는 거침없이 신라군을 베고 쓰러뜨리며 앞으로 나아갔습니다. 궁예의 앞을 막아선 신라군들은 속절없이 무너져 갔습니다. 궁예의 뒤를 따르던 병사들도 힘을 내 덩달아 공격을 퍼부었습니다. 신라군은 완전히 싸울 의욕을 잃고 슬금슬금 달아나기에 바빴습니다. 멀리서 이 광경을 지켜보던 양길은 깜짝 놀랐습니다.

'아니, 저 애꾸눈 좀 보게. 신들린 듯 잘도 싸우네. 아차, 이러고 있을 때가 아니지.'

양길은 뒤늦게 나타나 신라 지역이었던 영월에 승리의 깃발을 꽂고 난 뒤 큰 소리로 말했습니다.

"하하하. 내 전략이 딱 맞았어. 그건 그렇고 애꾸눈 너는 싸우는 걸 보니 보통내기가 아닌 것 같은데, 어디서 왔느냐?"

양길이 얼굴 가득 웃음을 지은 채 궁예를 바라보며 말했습니다.

"절에서 수행을 하다가 양길 어른의 높으신 명성을 듣고 이렇게 한걸음에 달려왔습니다."

"그래, 뭐라고 들었느냐?"

"호족들 가운데 양길 어른만큼 그릇이 큰 분이 없다고 들었습니다. 이렇게 양길 어른의 밑에 들어와 직접 얘기까지 나누게 되다니, 소인 정말 몸둘 바를 모르겠습니다."

궁예의 사탕발림에 양길은 한껏 으쓱해졌습니다.

"하하하. 네 놈이 제대로 사람 볼 줄을 아는구나. 그래, 나도 네가 아주 마음에 든다. 내 너를 눈여겨볼 테니 앞으로도 오늘처럼 공을 많이 세워라!"

궁예는 단번에 양길의 마음을 사로잡았습니다. 그뿐이 아니었습니다. 병사들 사이에서도 궁예의 인기는 하늘을 찔렀습니다.

"궁예가 아니었다면 우린 죄다 죽었을 거야."

"맞아. 희한하게 궁예를 따르니깐 하나도 안 무섭고 힘이 불끈불끈 솟으며 어찌난 잘 싸워지던지……."

양길은 이어 신라 지역인 강원도 평창군을 공격하였습니다. 이곳에서도 양길은 궁예와 새내기 병사들을 맨 앞에 내세웠습니다. 궁예의 지휘에 따라 병사들은 전보다도 더 용감하게 싸웠습니다. 양길은 궁예와 새내기 병사들의 활약으로 주력군을 안 내세우고도 신라군의 항복을 받아 내자 더할 나위 없이 기뻐했습니다. 궁예는 그 공을 모두 양길에게 돌렸습니다. 양길은 그런 궁예가 점점 더 마음에 들었습니다.

어느 날 궁예는 양길에게 한 가지 부탁을 했습니다.

"양길 어른, 저는 양길 어른의 발밑에도 못 미치는 호족들이 동해안 일대를 야금야금 집어삼키는 꼴을 더는 가만히 보고만 있을 수가 없습니다. 부디 저한테 병사들을 내 주시면 동해안 일대를 다 쓸어 버리고 오겠습니다."

"하하하. 그러지 않아도 호족들을 혼내 줄 참이었는데, 그대는 어찌 그리도 내 마음을 잘 헤아리는고! 내 너한테 병사들을 내 줄 테니 어디 마음껏 네 실력을 뽐내도록 하라!"

궁예는 속으로 쾌재를 불렀습니다. 마침내 양길에게서 벗어나 자신의 세력을 넓힐 수 있는 절호의 기회가 온 것입니다. 궁예가 남들이 싫어하는 양길의 밑에 스스로 찾아 들어간 것도, 전투에 이긴 모든 공을 양길에게 돌린 것도 다 그 때문이었습니다. 궁예는 양길이 내 준 병사들을 이끌고 동해안 강릉에 진을 친 뒤 병사들을 모아 놓고 의미심장한 말을 했습니다.

"자, 내 말을 귀담아 들으시오. 이제부터 우리는 양길의 군사가 아니라 백성들의 군사로 거듭날 것이오. 앞으로 우리는 부패한 신라 조정과 도적들로부터 고통 받는 백성들을 지키려고 싸울 것이오."

궁예의 말이 떨어지기가 무섭게 병사들은 환호성을 터트렸습니다. 궁예는 전쟁에 앞서 병사들에게 다시 군사 훈련을 시켰습니다. 칼 쓰는 법에서부터 활쏘기와 창던지기 같은 싸움의 기초뿐만 아니라, 전투를 할 때 진을 치는 방법까지도 하나하나 열심히 가르쳤습니다.

군사 훈련을 다 마치고 나자 병사들은 이제 어떠한 적과도 맞서 이길 수 있을 만큼 아주 힘센 군대로 거듭났습니다. 궁예는 이들을 이끌고 먼저 동해안 속초 마을을 공격하기로 했습니다. 그전에 궁예는 군사들에게 신신당부를 했습니다.

"내일 전투에서는 양길의 군사일 때처럼 마을 주민들을 해치거나, 또는 그들의 물건을 빼앗거나 하는 일은 결코 해서는 안 될 것이오. 만일 또다시 그런 일을 저지른다면 이 칼이 용서치 않을 것이오. 여러분은 모두 백성들의 군사라는 것을 잊어서는 안 되오."

속초에 진을 치고 있던 신라군들은 궁예의 정예군에겐 그야말로 가소롭기 그지없는 상대였습니다. 신라군들은 전투를 시작한 지 얼마 되지도 않아 지레 겁을 먹고 항복을 해 왔습니다. 게다가 신라의 관리들은 걸음아 날 살려라 하고 달아나기에 바빴습니다.

궁예는 마을 주민들을 광장에 불러 모았습니다.

"우리는 여러분을 해방하러 온 군사들이니 결코 두려워 마시오. 창고에 쌓인 곡식은 다 여러분의 것이니 골고루 나눠 줄 것이오."

주민들은 믿을 수 없다는 얼굴이었습니다. 하지만 궁예가 진짜로 창고에 쌓인 곡식들을 나눠 주자 그제야 마을 주민들은 기쁨에 겨워 눈물지었습니다. 이 소식이 이 마을 저 마을로 전해지자 궁예는 가는 곳마다 영웅으로 받들어졌습니다.

한편 양길은 자신을 배반한 궁예가 나날이 세력을 넓혀 나가자 불안했습니다. 그래서 양길은 더 늦기 전에 궁예를 치기로 마음먹었습니다. 하지만 궁예는 양길이 쳐들어오는 길목이 훤히 내려다보이는 곳에 군사를 숨겨 두고 호시탐탐 기회를 엿봤습니다.

"자, 이때다! 공격하라!"

마침내 양길과 그의 군사들이 길목에 들어서자 궁예는 군사들에게 미리 준비해 둔 바윗돌을 굴리게 했습니다. 그러자 양길과 그의 군사들은 오도 가도 못 하고 갇히는 신세가 돼 버렸습니다. 궁예는 그들을 내려다보며 쩌렁쩌렁한 목소리로 말했습니다.

"지금 너희를 훤히 내려다보고 있는 이곳 언덕 위에는 벌써 화살 부대가 모든 준비를 갖추고 있다. 개죽음을 당하고 싶지 않다면 지금 바로 무기를 버려라!"

함정에 빠진 것을 알아차린 양길은 무기를 버리고 손이 발이 되도록 빌었습니다.
"궁예 장군, 옛 정을 생각해서라도 이 몸의 목숨만은 살려 주시게나."
"너를 죽여 봤자 내 칼만 더럽혀질 뿐이다. 내 눈 앞에서 썩 꺼져라!"
양길은 뒤도 안 돌아보고 달아났습니다. 궁예는 양길의 군사들을 자기 부하로 받아들였습니다. 양길의 손에 들어가 있던 지역도 모두 궁예가 차지했습니다. 궁예의 세력은 몰라보게 커 갔습니다.

역사스페셜박물관

원주 영원산성
치악산 남서쪽에 있으며 돌로 쌓은 산성입니다. 신라 문무왕 또는 신문왕 때 쌓았다고 하나 확실하지는 않습니다. 천년왕국 신라가 쓰러져 갈 무렵 양길과 궁예가 이곳을 근거로 세력을 넓혀 나갔다는 얘기가 전해지고 있습니다. (시몽포토)

철조비로자나불
강원도 철원 도피안사에 있는 국보 63호 철조비로자나불을 만든 기록에 보면 궁예가 도읍을 철원으로 정한 까닭을 알 수 있어요. 거기에는 그 무렵 철원 사람들의 말세 의식이 잘 나타나 있는데, 이는 바로 미륵 사상과 이을 수 있었던 거지요. 따라서 궁예는 철원이야말로 자신의 꿈과 이상을 펼칠 수 있는 가장 알맞은 곳이라고 여겼던 것입니다. (시몽포토)

초기 궁예군의 세력은?
양길 밑에서 활약하던 궁예는 강릉 지역을 점령하면서 새로운 기회를 마련합니다. 강릉을 공격할 무렵엔 600명이던 병력이 강릉으로 들어가서는 3500명으로 불어나면서 궁예는 홀로 설 수 있는 세력을 모읍니다. 초기에 궁예의 병력으로 흡수됐던 사람들은 거의 현실에 불만을 품은 농민들이었습니다. 강릉에서 세력을 키워 가던 궁예는 현실 사회를 개혁하려고 하는 미륵 신앙이 널리 퍼져 있던 강원도 일대를 점령해 나갑니다. 그리고 마침내 그가 처음으로 도읍을 정한 철원에 이릅니다.

후고구려를 세우다

궁예의 군대가 날로 커 가자 고을을 궁예에게 바치고 궁예의 밑으로 들어오는 호족들의 수도 시간이 갈수록 늘어났습니다. 호족 가운데서도 힘이 꽤 컸던 송악의 호족인 왕륭도 궁예 밑으로 들어가기로 다짐하고는 그의 아들인 왕건을 불렀습니다.

"건아, 이 아비는 송악의 앞날을 위해 궁예한테 송악을 바치기로 했다. 지금은 어쩔 수 없어 그의 밑으로 들어가지만, 앞으로 건이 네가 하기에 따라 얼마든지 궁예의 위에 올라설 수도 있다."

아버지의 갑작스러운 말에 왕건은 어리둥절한 얼굴로 물었습니다.

"아버님, 그게 무슨 말씀이십니까?"

"도선 대사께서는 건이 네가 훗날 어지러운 나라를 바로잡고 새 나라의 왕이 될 인물이라고 말씀하셨다. 그분의 말은 틀린 적이 없다. 그러니 건이 너는 굳게 마음먹고 궁예 밑에 들어가서도 늘 몸가짐을 반듯이 하고 열심히 힘을 길러야 한다. 알겠느냐?"

왕건은 아버지의 말이 잘 믿어지지 않았을 뿐만 아니라 오히려 두려운 마음이 들기까지 했습니다. 다음 날 왕륭은 왕건을 데리고 궁예를 찾아 길을 떠났습니다.

한편 왕륭이 온다는 소식을 전해들은 궁예는 천군만마를 얻은 것처럼 기뻤습니다. 왕륭이 다스리는 송악은 땅이 기름지고 일찍부터 상업이 발달해 다른 곳과 견줄 수 없을 만큼 부자 마을이어서 궁예한테는 큰 힘이 될 게 틀림없으니까요. 궁예는 왕륭을 깍듯이 맞이했습니다. 왕륭은 신하의 예를 올린 뒤 엎드려 간청했습니다.

"이제 송악은 궁예 어른이 보살펴 주실 것이니 걱정이 없습니다. 다만 소인한테 한 가지 소원이 있다면 소인의 아들 왕건이 궁예님 밑에서 조금이나마 보탬이 되는 일을 하였으면 하는 바람입니다."

궁예가 보기에 왕건은 얼굴이 훤하고 몸가짐이 의젓한 데다가 몇 마디 얘기를 나눠 보니 배움 또한 남달라 보였습니다. 궁예는 첫눈에 왕건이 마음에 들었습니다.

"인재를 제게 맡기시겠다니 오히려 제가 고맙다는 말씀을 드려야죠. 허허허."

궁예는 기꺼운 마음에 얼굴 가득 웃음을 지으며 말했습니다.

"그럼 소인은 궁예님만 믿고 가겠습니다."

왕륭은 허리를 굽혀 궁예에게 인사를 한 뒤 물러갔습니다. 궁예는 곧 왕건을 자신의 부관으로 삼고 모든 명령을 처리하는 일과 살림살이를 왕건에게 맡겼습니다. 왕건이 사사로움 없이 일을 반듯하게 처리해 나가자 궁예는 자신이 사람을 제대로 봤다는 생각에 매우 기뻐했습니다.

그 뒤로 궁예의 세력은 더욱더 커져 갔습니다. 옛 고구려 땅의 일부인 강원도와 황해도 그리고 경기도 일대를 손에 넣자 궁예는 독립을 선포하고 마침내 나라를 세웠습니다.

"옛적에 신라가 외적인 당나라를 끌어들여 고구려를 무너뜨렸소. 나는 이제 신라를 무너뜨려 다시 고구려의 옛 영광을 되찾고자 나라 이름을 후고구려라 할 것이오."

궁예는 도읍을 철원에서 송악으로 옮기기로 하고, 왕건에게 새 궁궐을 짓는 일을 맡겼습니다. 송악 사람들은 왕건이 궁궐을 짓는 책임자가 되어 돌아오자 기뻐했습니다. 하지만 왕건은 궁궐 짓는 일이 얼마나 고달픈 일인지를 잘 알기에 마음이 그저 편하지만은 않았습니다. 왕건은 궁궐 짓는 일이 잘 끝나려면 무엇보다 송악 사람들의 힘을 하나로 모아야 한다고 생각했습니다. 그래서 궁궐 짓는 일에 앞서 송악 주민들을 불러 놓고 힘주어 말했습니다.

"여러분, 송악에 궁궐이 들어서면 지금보다 훨씬 살림살이가 나아질 것입니다. 그러니 궁궐을 다 짓기까지는 힘이 들더라도 모두 참고 견뎌 내야만 합니다. 자, 다들 나와 함께 힘을 모아 송악을 빛낼 멋진 궁궐을 지읍시다."

그런 왕건의 진심은 송악 사람들한테 고스란히 전해졌습니다. 궁궐을 짓는 일이 시작되자 송악 사람들은 왕건의 지시에 따라 온 힘을 다해 밤낮없이 열심히 일했습니다.

마침내 송악에 크고 튼튼한 궁궐이 우뚝 세워지자, 궁예는 물론 송악의 모든 사람들이 제 일처럼 기뻐했습니다.

"오, 참으로 훌륭한 궁궐이도다!"

궁예는 그 공을 높이 사 왕건을 기마 부대의 총책임자인 정기대감의 자리에 앉혔습니다. 왕건은 기동력이 뛰어난 기마 부대를 이끌고 잇따라 승전고를 울려 궁예의 믿음을 더욱 굳게 받았습니다. 이를 바탕으로 후고구려는 경기도 하남, 남양, 화성 그리고 충청북도 청원, 청주, 충주, 괴산으로 땅을 넓혀 갔습니다. 덩달아 왕건의 이름도 널리 알려졌습니다.

한편 견훤은 옛 백제 지역을 차지하고 나라 이름을 후백제라고 하였습니다. 견훤은 이웃한 신라의 목을 점점 옥죄더니 마침내 신라의 수도인 서라벌 변두리 지역을 공격해 들어갔습니다. 이 소식을 보고받은 궁예는 펄쩍 뛰었습니다.

"이러다 죽 쒀서 개 주는 꼴 나겠다. 서라벌은 무슨 일이 있어도 반드시 내 손으로 쳐야 해. 여봐라, 지금 바로 군사들을 한곳에 모아라!"

백전노장 이흔암을 비롯한 나이 든 장수들은 먼저 후백제를 치고 난 뒤 서라벌로 쳐들어가야 한다고 생각했습니다. 하지만 궁예의 뜻을 거스를 용기가 선뜻 나지 않았습니다. 그러자 왕건이 나섰습니다.

"폐하, 지금 바로 서라벌을 치는 건 매우 위험합니다. 우리가 서라벌을 치는 동안 견훤이 그 틈을 노려 후고구려로 쳐들어오면 우리는 더 큰 위기를 맞을 게 틀림없습니다."

"뭣이? 그대가 지금 내 뜻을 거역하는 것이냐?"

"하늘에 맹세코 결코 그렇지 않습니다. 후백제는 지금 서라벌을 치려고 온 힘을 쏟느라 후방이 매우 허술합니다. 우리가 오히려 그 틈을 노려 쳐들어가면 손쉽게 승리를 따낼 수 있을 것입니다. 그렇게 되면 후백제는 발등의 불부터 끄고 보자는 생각에 서라벌 공격을 포기할 수밖에 없습니다. 그때 우리가 서라벌을 쳐도 늦지 않을 것입니다."

왕건의 말은 누가 들어도 고개를 끄덕일 수밖에 없었습니다. 궁예는 그제야 흥분을 가라앉히고 왕건의 말에 따르기로 했습니다.

왕건의 말대로 후백제의 후방인 서남 해안의 섬들을 지키던 후백제군들은 서라벌 공격에 불려 나가는 바람에 그곳을 점령하는 것은 식은 죽 먹기보다 쉬웠습니다. 후백제가 왕건의 공격을 받고 있다는 소식을 보고받은 견훤은 혼비백산해서 서라벌 공격을 거두고 철수했습니다. 궁예는 그제야 겨우 한숨을 돌렸습니다.

그동안 조바심을 내느라 지친 몸과 마음을 달래고자 궁예는 아름다운 경치에 둘러싸여 있는 부석사를 찾았습니다. 하지만 그것이 궁예를 벼랑으로 내몰게 될 줄은 아무도 몰랐습니다.

역사스페셜박물관

동주산성

철원에 첫 도읍을 정하고 궁예가 도성으로 삼았던 곳은 지금의 동주산성입니다. 궁예는 이곳에 도읍을 정하면서 철원 지역의 안정된 경제력과 지방 세력의 협조를 얻어 활발한 정복 활동을 펼칩니다. 말하자면 동주산성은 궁예의 첫 거점이었던 셈이지요. 이 무렵 궁예는 연천을 비롯해 관내 거의 서른 개 성을 차지합니다. 이것은 여러 지역의 호족들이 궁예 밑으로 들어오는 중요한 계기가 됩니다. (시몽포토)

후삼국 시대 궁예가 차지한 영토

궁예가 차지한 영토를 살펴보면 북쪽으로는 대동강 유역, 남쪽으로는 나주까지, 그리고 완도를 비롯한 전남 일부의 섬 지역도 궁예의 땅이었습니다. 이렇게 궁예는 한반도의 중심부를 다 차지하면서 후삼국 시대 가장 넓은 영토를 확보했습니다.

견훤 사당

경북 상주시 산골 마을인 청계 마을. 이 마을 어귀에는 작고 허름한 사당이 하나 있습니다. 후백제의 왕인 견훤을 모신 사당입니다. 천년왕국 신라가 쓰러져 갈 무렵 견훤은 옛 백제의 땅이었던 완주(지금의 전주) 지역을 근거지로 세력을 모으고 나라를 일으켰습니다. 바로 후백제입니다. 궁예와 견훤 그리고 왕건은 후삼국 시대를 이끈 영웅이었습니다. (시몽포토)

못다 이룬 새 세상의 꿈

부석사를 찾아 절을 둘러보던 궁예는 문득 세달사에서 보낸 지난날이 떠올라 뭉클한 감회에 젖었습니다. 세달사를 처음 찾아갔던 날부터 이를 악물고 공부하며 무예를 닦던 나날들, 그리고 시종을 만나 출생의 비밀을 알게 된 일들이 궁예의 머릿속에 주마등처럼 지나갔습니다.

"폐하, 그만 불당에 드시지요."

부석사 주지 스님의 말에 궁예는 회상에서 깨어났습니다.

"짐이 그만 옛날 생각에 빠져 넋을 잃고 있었군요."

그런데 불당 벽면에 궁예의 심기를 건드리는 게 있었는데, 바로 신라 왕들의 초상화였습니다. 그것을 보자 궁예의 얼굴은 벌겋게 달아올랐습니다. 그 가운데서도 궁예를 더욱 소스라치게 한 것은 자신과 꼭 닮은 초상화였습니다.

"아니, 이건 누구의 그림이냐? 어서 말하라!"

궁예의 느닷없는 호통에 놀라 주지 스님은 겨우 입을 뗐습니다.

"폐하, 이분은 돌아가신 신라의 헌안왕이옵니다."

궁예는 그 말을 듣자 몸을 휘청거렸습니다.

"뭣이? 당신이 바로 아들인 날 죽이려고 했던 그 사람이란 말인가? 으아아악!"

피눈물을 흘리듯 소리쳐 울던 궁예한테서 갑자기 무서운 살기가 솟구쳤습니다. 궁예는 허리에 차고 있던 칼을 빼들고 미친 듯 헌안왕의 초상화를 베었습니다.

"죽여 버릴 거야. 죽여 버리고 말 테야. 으아아악!"

칼을 휘두르며 울부짖다가 궁예는 그만 분을 못 이기고 까무러치고 말았습니다. 몇 날 며칠을 앓아누워 있다가 깨어난 궁예는 이미 예전의 궁예가 아니었습니다. 자신을 죽이려고 했던 아버지, 헌안왕을 증오하는 마음이 궁예를 딴 사람으로 만들어 놓은 것입니다.

궁예는 느닷없이 나라 이름을 동방의 큰 나라라는 뜻인 마진으로 바꿨습니다. 얼마 뒤 궁예는 또다시 서로 뜻을 같이하여 편히 사는 세상이란 뜻으로 태봉이라고 지었습니다.

하지만 나라 이름과 달리 궁예는 백성들을 더욱 못살게 굴었습니다. 대신들의 반대에도 아랑곳하지 않고 수도를 송악에서 철원으로 옮기더니, 신라의 수도인 서라벌보다 더 크고 웅장한 궁궐을 짓는다며 세금을 올리고 억지로 백성들을 부렸습니다.

"나는 어지러운 세상을 구원할 미륵불이다!"

궁예는 스스로 미륵불이라 하여 궁궐 밖을 나설 때는 미륵불과 같은 모습으로 꾸몄으며, 향과 꽃을 받쳐 든 소년과 소녀를 앞세우고 수백이 넘는 승려들에게 부처의 공덕을 찬양하는 노래를 부르게 하며 뒤따르게 했습니다. 게다가 궁예는 자신이 사람의 마음을 꿰뚫어 보는 관심법을 할 줄 안다고 했습니다.

"난 얼굴만 봐도 사람의 마음을 꿰뚫어 볼 수 있어. 그러니 아무도 날 속일 수 없어. 날 속이려 들었다간 개죽음을 당할 뿐이지. 으하하하!"

궁예는 조금이라도 자기 마음에 안 들면 관심법을 구실로 사람을 쇠몽둥이로 내리쳐 죽였습니다. 궁예의 관심법 때문에 하루에도 수십이 넘는 사람들이 어처구니없이 죽어 나갔습니다. 이를 보다 못한 왕비가 나서서 말했습니다.

"임금은 백성을 덕으로 다스려야 하거늘, 폐하는 어찌하여 날이면 날마다 사람들을 그토록 끔찍하게 죽이십니까? 폐하가 아끼시는 왕건 대장군을 보십시오. 성품이 너그럽다 보니 많은 사람들이 따르는 게 아닙니까? 예전에 그 냉철하던 폐하는 대체 어디로 간 것입니까?"

왕비의 말에 궁예는 눈이 뒤집혔습니다.

"뭣이라고? 왕비는 지금 나보다 왕건이 더 잘났다고 말하는 것이오!"

그러자 왕비는 아차 싶어 움찔했습니다.

"그, 그런 것이 아니오라……."

"그러잖아도 왕비의 마음을 꿰뚫어 보니 왕비는 오래전부터 왕건을 흠모하고 있었군. 왕비가 왕인 나를 두고 딴 사내한테 마음을 품다니, 내 그대를 도저히 용서할 수 없다!"

벌써부터 온정신이 아닌 궁예는 들고 다니던 쇠방망이로 왕비를 내리쳐 그 자리에서 죽이고 말았습니다. 궁예는 내친 김에 왕비가 낳은 두 왕자마저도 자신의 아들이 아니라며 끔찍하게 죽여 버렸습니다.

어느새 벌어진 이 놀랍고 끔찍스러운 일에 모든 신하와 백성들은 할 말을 잃은 채 혀를 내둘렀습니다. 궁예는 이참에 왕건의 마음도 꿰뚫어 봐야겠다며 전쟁터에 나가 있는 왕건을 궁으로 바삐 불러들였습니다.

"폐하, 부르셨습니까?"

궁예는 왕건의 인사에 아무런 대꾸도 없이 한참을 그의 얼굴만 뚫어지게 바라보았습니다. 그러더니 갑자기 왕건에게 소리를 버럭 지르는 것이었습니다.

"관심법으로 보니 왕건 그대는 지금 역모를 꾸미고 있군."

궁예의 터무니없는 말에 왕건은 사뭇 놀라웠지만, 곧 마음을 추스리고 침착하게 말했습니다.

"폐하, 폐하 앞에서는 그 어떤 마음도 속일 수가 없사옵니다. 잠깐이나마 불순한 생각을 품은 소인을 용서해 주십시오."

아무런 변명도 안 하고 왕건이 그 자리에서 용서를 빌자 궁예는 활짝 웃으며 말했습니다.

"하하하, 그럼 그렇지. 내 관심법은 아무도 못 속여. 왕건 그대는 딴 놈들과 달리 솔직하게 잘못을 인정했으니 이번만은 용서하겠다. 하지만 두 번 다시 허튼 생각을 했다간 살아남지 못할 것이야! 알겠느냐?"

"폐하의 은혜 결코 잊지 않겠사옵니다."

궁예의 관심법 때문에 대장군 왕건이 자칫 죽을 뻔했다는 소식이 백성들에게 알려지자 궁예를 원망하는 목소리는 더욱더 커져 갔습니다.

"궁예 왕은 정말 제정신이 아니구먼. 왕건 대장군이 외적으로부터 나라를 지켜 줘 우리가 이나마 살고 있는데, 상을 줘도 모자랄 판에 죽이려고 들다니, 허허."

대신들의 불만도 이만저만이 아니었습니다. 더는 참을 수 없었던 장군들은 왕건의 집을 찾았습니다.

"왕건 대장군, 우리는 모두 다짐을 했습니다. 궁예 왕을 저대로 내버려 두면 이 나라는 얼마 안 있어 무너지고 말 것입니다. 그러니 왕건 대장군께서 새로운 왕이 되어 주십시오. 왕건 대장군이 왕이 된다면 모두가 반길 것입니다."

왕건은 그 말을 듣자 화들짝 놀라며 말했습니다.

"아니, 그럴 수는 없습니다. 난 여태껏 나를 키워 준 궁예 왕을 결코 배반할 수 없습니다."

"배반이 아니라 나라를 위하고 백성들을 위한 일입니다."

장군들의 끈질긴 요구에 왕건도 끝내 어쩔 수 없어 뜻을 같이하기로 했습니다. 왕건이 반역의 깃발을 들었다는 소식이 알려지자 이를 반기는 군사들이 여기저기서 모여들었습니다. 백성들도 마치 제 일처럼 기뻐하며 지지하고 나섰습니다.

"왕건 대장군 만세! 후고구려 만세!"

그제야 궁예는 정신이 번쩍 들었습니다. 하지만 사태를 되돌리기엔 너무 늦었습니다. 거리에는 온통 궁예를 몰아내자고 욕하며 부르짖는 사람들뿐이었습니다.

"왕비와 두 왕자를 끔찍하게 죽인 궁예를 더는 그냥 두고 볼 수 없는 일이오."

"그놈의 관심법인가 뭔가 때문에 자칫 왕건 대장군마저 저세상으로 갈 뻔하지 않았소."

"어디 그것뿐이오? 툭하면 궁궐을 짓는다 해서 세금을 거두질 않나, 억지로 끌고 가 부려 먹어 대니 어디 맘 편히 살 수가 있냐 말이오?"

궁예는 궁궐을 빠져나가 정신없이 달아났습니다. 그렇게 며칠째 아무것도 못 먹은 채 숨어 다니던 궁예는 눈앞에 보리밭이 보이자 곧장 뛰어들어가 정신없이 보리 이삭을 뜯어 먹었습니다. 이를 본 밭주인은 서리꾼인 줄 알고 냅다 돌멩이를 던졌습니다. 궁예는 돌멩이에 맞아 피를 철철 흘리며 뒤도 안 돌아보고 달아났습니다.

벼랑 끝에 이르러서야 궁예는 한숨을 돌리고 뒤를 돌아보았습니다. 쫓아오는 사람은 아무도 없었습니다. 그제야 자신의 처지가 너무나 서글퍼 소리를 내지르며 울부짖었습니다. 태어나자마자 아버지한테서 버림받고, 또다시 세상한테서 버림받았다는 생각에 이르자 궁예는 이제 더는 살고 싶지 않았습니다.

바로 그때였습니다. 어디선가 환한 빛이 비치더니 꿈에도 그리던 어머니의 모습이 보였습니다. 무척 곱고 아름다운 어머니는 궁예를 보고 다정하게 웃으며 "이리 오너라." 하고 손짓했습니다.

"어머니, 어머니! 흑흑흑. 소자 이제 어머니 곁으로 갈 테니 제발 어머니만은 절 버리지 마세요. 어머니이!"

궁예는 어머니를 외치며 절벽 아래로 발을 내디뎠습니다. 어지러운 세상에 빛이 되고자 일어섰던 궁예. 하지만 그는 끝내 그 뜻을 이루지 못하고 그렇게 쓸쓸히 한 많은 삶을 마감했습니다.

역사스페셜박물관

부석사

경북 영주시에 있는 부석사는 통일신라 시대 으뜸 승려인 의상대사가 삼국 통일의 대업을 이룬 문무왕의 명을 받아 창건한 역사가 오래된 절입니다. 옛날부터 하늘의 솜씨라고 일컬어질 만큼 사찰이 아름답고 건축미가 뛰어나 널리 이름을 떨쳤지요. 이곳에는 궁예가 왕이 된 뒤 이 절에 들렀을 때 벽에 걸려 있던 신라 왕들의 초상화를 보고는 칼로 찢었다는 이야기가 전해 내려오고 있어요. (시몽포토)

궁예미륵

궁예는 집권 후반기에 접어들면서 스스로 살아 있는 미륵이라 해서 행차할 때는 미륵불과 같은 모습으로 치장을 하고 다녔다고 《삼국사기》는 전합니다. 게다가 두 아들마저 청광보살, 신광보살이라고 하면서 신격화합니다. 따라서 궁예미륵은 미륵 신앙을 받드는 후대 사람들이 토속 신앙을 바탕으로 세웠을 것으로 여겨집니다. 사진은 경기도 안성 국사암에 있는 궁예미륵입니다. (시몽포토)

아지태 사건

아지태 사건은 궁예를 따르는 무리와 반대하는 무리가 서로 다툰 사건으로 보입니다. 청주 사람인 아지태는 같은 청주 사람들을 모아서 궁예한테 반기를 든 인물로 궁예한테는 여간 골칫거리가 아니었습니다. 그러다가 수년간 미궁에 빠져 있던 이 문제를 푼 사람이 바로 왕건이었습니다. 이 일로 왕건은 궁예 다음으로 힘이 있는 사람으로 우뚝 섭니다. 그 뒤로 왕건을 따르는 무리가 빠르게 늘어납니다. 이것은 곧 왕건이 궁예의 견제를 받는 또 다른 불씨가 되기도 하지요.

명성산 궁예바위

명성산 꼭대기엔 궁예가 앉아서 도성을 짓는 공사를 지휘했다고 하는 궁예바위가 있습니다. 명성산은 기암절벽이 많은 산세 때문에 접근이 어려워 궁예는 이곳에다 산성을 쌓았습니다. 그래서 궁예가 왕건한테 쫓겨난 뒤, 이곳에서 마지막까지 싸우다 죽었다는 전설이 전해집니다. 궁예가 왕건한테 지고 나서 자신의 꿈이 슬프게 끝나니까 목 놓아 울었다 해서 울 명(鳴) 자에 소리 성(聲) 자를 써서 울음산 곧 명성산이라는 이름이 붙었다고 합니다. (시몽포토)

보개산성

보개산성은 궁예가 왕건과 마지막 일전을 벌이려고 쌓은 산성이라고 전해집니다. 이 성은 궁예도성을 방어할 목적으로 외곽 지역에 쌓은 성 가운데 하나인데, 후삼국 시대의 다른 성과 달리 돌을 다듬지 않고 자연석 그대로 쌓았다는 특징이 있습니다. 지금도 이곳에는 장기전에 대비해 만든 성이었음을 알 수 있는 여러 자취들이 남아 있습니다. (시몽포토)

궁예도성 터

궁예가 살았던 철원의 궁궐은 현재 도성 한가운데로 군사분계선이 지나고 있는 비무장지대에 있었습니다. 궁예도성은 예부터 풍천원이라고 하는 넓은 평야에 자리 잡고 있었는데, 천 년 전 궁예는 이곳에서 포정전이라는 궁궐을 짓고 살았습니다. 성은 원래 외성이 있고, 그 안에 내성이 있는 이중 구조였습니다. 외성의 둘레는 12.7킬로미터쯤 되는 걸로 짐작됩니다. (철원군)

진홍이의 새 보물

"진홍아, 진홍아, 제발 정신 좀 차려!"

진홍이는 잠깐 정신을 잃었나 봅니다. 눈을 뜨자 형이 진홍이의 몸을 마구 흔들어 대고 있었습니다.

"형, 그만 흔들어. 난 괜찮아."

그제야 형은 한숨을 돌렸습니다. 병관이의 형이 싱긋이 웃으며 말했습니다.

"자식, 그깟 일로 정신을 잃다니! 병관아, 진홍이한테 광개토대왕 딱지랑 왕건 딱지랑 다 줘 버리고 네 궁예 딱지나 돌려받아라."

"알았어, 형."

병관이는 광개토대왕과 왕건 딱지를 진홍이 손에 쥐어 줬습니다.

"자, 됐지? 이제 내 궁예 딱지나 돌려줘."

그런데 광개토대왕과 왕건 딱지를 되돌려받고도 진홍이는 궁예 딱지를 손에 꼭 쥐고 안 내놓았습니다.

"나 원 참, 궁예 딱지가 싫다고 바닥에 내팽개칠 땐 언제고. 야, 어서 내 궁예 딱지 돌려줘!"

진홍이는 막상 궁예 딱지를 돌려주려 하자, 세상한테서 버림받고 슬퍼하던 궁예의 마지막 모습이 자꾸만 눈에 밟혔습니다.

"야, 진짜 안 줄 거야!"

진홍이는 화가 나 씩씩대는 병관이한테 광개토대왕과 왕건 딱지를 다시 돌려주고는 궁예 딱지를 손에 꼭 쥔 채 잽싸게 집으로 뛰어갔습니다.

"어, 진홍아, 어디 가? 딱지 챙겨서 가야지. 너 혼자 가 버리면 어떡해?"

진홍이 형이 어리둥절한 얼굴로 진홍이를 바라보며 말했습니다.

"쟤, 왜 저러냐? 정말 웃긴다. 하하하."

궁예 딱지를 손에 꼭 쥐고 집으로 달려온 진홍이는 자신의 보물 창고인 다락방으로 올라갔습니다. 진홍이는 색종이로 꾸민 예쁜 종이 상자 안에 궁예 딱지를 살며시 내려놓았습니다.

'궁예 임금님, 앞으로 다시는 궁예 임금님을 땅바닥에 내동댕이치는 일은 없을 거예요. 그리고 꼭 소중하게 간직할게요.'

진홍이는 궁예 딱지를 지그시 바라보며 마음속으로 굳게 다짐했습니다. 그러자 놀랍게도 딱지 속의 궁예가 활짝 웃으며 진홍이한테 한쪽 눈을 찡긋하며 눈짓을 하는 것이었습니다.

"우아, 궁예 임금님이 웃었다. 날 용서해 주시는 건가 봐. 히히!"

그 바람에 진홍이의 마음이 한결 가벼워졌습니다.

후삼국 시대의 영웅, 궁예!

궁예는 왕자의 신분으로 태어났지만 오히려 죽음의 문턱까지 가야만 했던 슬픈 운명을 타고났다. 하지만 궁예는 그에 굴하지 않고 기나긴 세월 깊은 산속에서 자신을 갈고 닦은 뒤 세상 속으로 나가, 마침내 새 나라를 세워 왕의 자리에까지 오르는데…….

36대 혜공왕 때부터 마지막 왕인 56대 경순왕까지를 보통 통일신라 말기라고 한다. 기간으로 따지면 거의 150년쯤 되는데, 이 무렵에 바뀐 왕이 자그마치 스물이나 된다. 이처럼 왕이 자주 바뀐 것은 왕의 자리를 놓고 왕실 안에서 치열한 다툼이 있었기 때문이다.

《삼국사기》에 따르면 궁예의 아버지는 47대 헌안왕이거나 또는 48대 경문왕으로 나온다. 궁예의 아버지는 궁예가 나라에 큰 해를 끼칠 인물이라는 말을 듣고 궁예를 죽일 것을 명령하지만, 궁예는 한쪽 눈만 잃고 구사일생으로 살아남았다고 전한다. 이로 미루어 보아 궁예 또한 왕권 다툼의 희생양이었음을 짐작할 수 있다. 그렇다면 목숨을 지키기조차 힘들었을 궁예가 어떻게 태봉이라는 새로운 나라를 세울 수 있었을까?

궁예가 활약할 무렵 신라 사회는 큰 혼란기에 휩싸여 있을 때였다. 위로는 왕의 자리를 두고 귀족들 사이에 싸움이 그칠 날이 없었고, 아래로는 커다란 땅을 지닌 귀족들이 일반 백성들한테 온갖 횡포를 부리는 터여서 백성들의 불만이 하늘을 찔렀다. 게다가 거듭된 흉년에 나라 살림은 엉망진창이었다. 그러다 보니 백성들은 무거운 세금을 피해 먹고 살 길을 찾아 이리저리 떠돌거나 도적의 무리가 되기도 했다.

　이처럼 혼란의 소용돌이 속에서는 누구나 민심을 얻을 수만 있다면 새로운 나라를 세울 수 있었던 그런 기회의 시대이기도 했던 것이다.
　나라를 세우고 왕이 된 궁예는 미륵 신앙을 바탕으로 나라를 다스려 나갔다. 그 무렵 미래의 부처인 미륵을 믿는 신앙은 백성들에게 희망을 주는 신앙이었다. 그래서 새로운 세상을 바라는 개혁 사상과 이어지기도 했다. 궁예는 살기 좋은 세상을 바라는 백성들의 바람을 누구보다 잘 알고 있었다. 그래서 스스로 살아 있는 미륵이라 여겼다.
　하지만 궁예는 처음의 뜻과는 달리 점점 판단력이 흐려져 잔혹한 독재자로 바뀌어 갔다. 이것은 곧 왕건을 중심으로 하는 반대 세력이 힘을 모으게 하는 빌미를 주게 된다. 게다가 백성들의 노동력을 강제로 동원하고 막대한 세금까지 걷어 들여, 민심을 얻어 왕이 된 궁예는 끝내 민심을 잃어 왕의 자리에서 쫓겨나고 만다.
　출생에서 최후까지 파란만장한 삶을 살았던 후삼국 시대의 영웅 궁예는 그렇게 쓸쓸히 역사의 뒤안길로 덧없이 사라졌다.

역사 스페셜 작가들이 쓴 이야기 한국사 22
못다 이룬 새 세상의 꿈 궁예와 후고구려

글 최향미 | **그림** 방기황

초판 1쇄 펴낸날 2008년 3월 5일 | **초판 8쇄 펴낸날** 2017년 3월 10일
펴낸이 최만영 | **편집장** 한해숙 | **기획·편집** 네사람 | **편집** 최현정, 윤경란
디자인책임 하늘·민 | **디자인** 최성수, 이이환 | **사진진행** 시몽포토에이전시
마케팅 박영준, 신희용 | **영업관리** 김효순 | **제작** 김용학, 강명주
펴낸곳 (주)한솔수북 | **출판 등록** 제 2013-000276호 | **주소** 03996 서울시 마포구 월드컵로 96 영훈빌딩 5층
전화 02-2001-5823(편집), 02-2001-5828(영업) | **전송** 02-2060-0108
전자우편 isoobook@eduhansol.co.kr | **북카페** cafe.naver.com/soobook | **페이스북** www.facebook.com/soobook2
ISBN 978-89-535-3932-7 74910 | **ISBN** 978-89-535-3910-5 (세트)

어린이제품안전특별법에 의한 제품 표시
품명 아동 도서 | **사용연령** 만 8세 이상 어린이 제품 | **제조국** 대한민국 | **제조자명** ㈜한솔수북 | **제조년월** 2017년 3월

ⓒ 2008 최향미·네사람·(주)한솔수북
※ 저작권법으로 보호받는 저작물이므로 저작권자의 서명 동의 없이 다른 곳에 옮겨 싣거나 베껴 쓸 수 없으며 전산장치에 저장할 수 없습니다.
※ 값은 뒤표지에 있습니다.

 한솔수북의 모든 책은 아이의 눈, 엄마의 마음으로 만듭니다.